院士带你去探索
科普绘本
（第三辑）

丛书主编　倪闽景
执行主编　宋　娴

了不起的免疫系统

科学顾问　张文宏　钟　鸣
作　　者　荣艳
绘　　图　美丽科学

上海科技教育出版社

科学顾问

张文宏

国家传染病医学中心主任，复旦大学附属华山医院感染科主任

"上海科普大讲坛"第 154 讲《人类如何才能打败新冠病毒》演讲人

钟鸣

复旦大学附属中山医院重症医学科主任

嗨！我是米娅，一名小学生，喜欢冒险和旅行，对世界充满好奇！

我有个非常厉害的"宝物"——神奇手表。神奇手表有许多奇特的功能：翻译动物语言、自动查找信息、对资料全息投影……最神奇的是，它能帮助我进行时间、空间，甚至思维的穿越！

汪汪！我是小Q，米娅的小伙伴，总是和米娅一起探险。我非常聪明，常常给米娅建议；偶尔也有些调皮，会制造一点小麻烦。

这个周五，米娅格外努力，刚回家便一头扎进自己房间埋头写作业。旁边的宠物狗小Q觉得奇怪——平时小主人放学回来都是先要和自己玩的，今天是怎么啦？

看着小Q在房间里来来回回、欲言又止的样子，米娅告诉它："小Q，我和桑桑约好啦，今天把作业写完，周末我们一起去崇明观鸟！"

随着年级升高,作业也多了起来,想一口气做完可真不容易!但是想到周末的出游,米娅稍微歇一会儿,又奋笔疾书了起来。

周六一早,闹钟还没响,米娅就自己起床了。正当她和小Q兴奋地收拾背包时,妈妈走进房间,告诉她一个坏消息——刚刚接到桑桑妈妈的电话,桑桑生病发烧了……

米娅失望极了,这可是她期待已久的出行呢!失望的同时,她也开始担心桑桑,发烧多难受啊,也不知道桑桑几天能康复……

现在季节交替,多种流感病毒横行,桑桑可能是被病毒感染了。只要对症下药,好好休养,她很快就能恢复健康。

是这样吗?

病毒是什么?

病毒是一种介于生命与非生命之间的寄生体。大部分病毒的结构很简单,只有一个蛋白质外壳和其中表明身份的遗传物质。它们不像动物细胞那样有完整的结构——细胞膜、细胞质、细胞器和细胞核。病毒仅凭自身无法存活,必须感染健康细胞作宿主,利用细胞的资源繁衍。

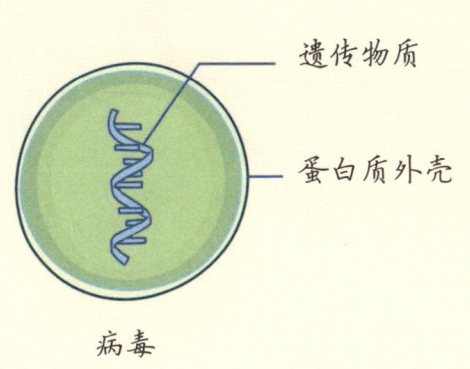

病毒

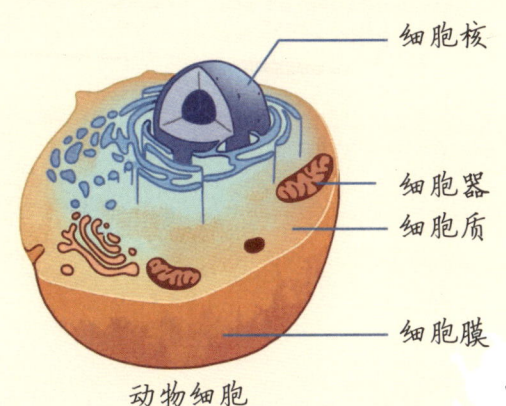

动物细胞

米娅知道病毒是一种微生物,可是病毒究竟是如何影响我们的呢?为什么被病毒感染后会发烧呢?

她和小Q讨论许久也没个结果,小Q提议道:"不如我们穿越到病人的身体里,去追击病毒、一探究竟吧!"

已经发现3亿年前陆地上最早的卵生脊椎动物携带病毒

公元前2300年,出现被狂犬病毒感染的记录

20世纪早期,噬菌体被发现

19世纪末,"病毒"概念首次被提出

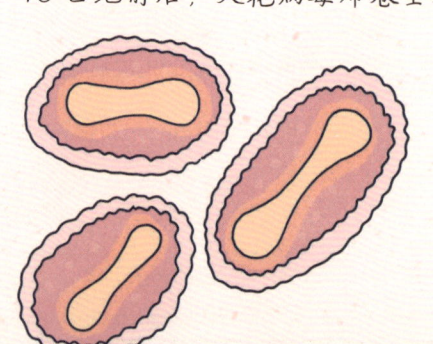

16世纪前后,天花病毒席卷全球

地球的老居民

大约35亿年前，远古地球上出现单细胞生物。需要宿主的病毒与细胞几乎同时出现，并且一直依赖细胞生存至今。科学家认为，病毒在地球上的分布超过其他任何一种生物。从南极到北极，从沙漠到海洋，从高空到地下，从细菌、动植物到人体内外，病毒无处不在。病毒的种类和数量可能远远超过地球上其他生命体的总和。

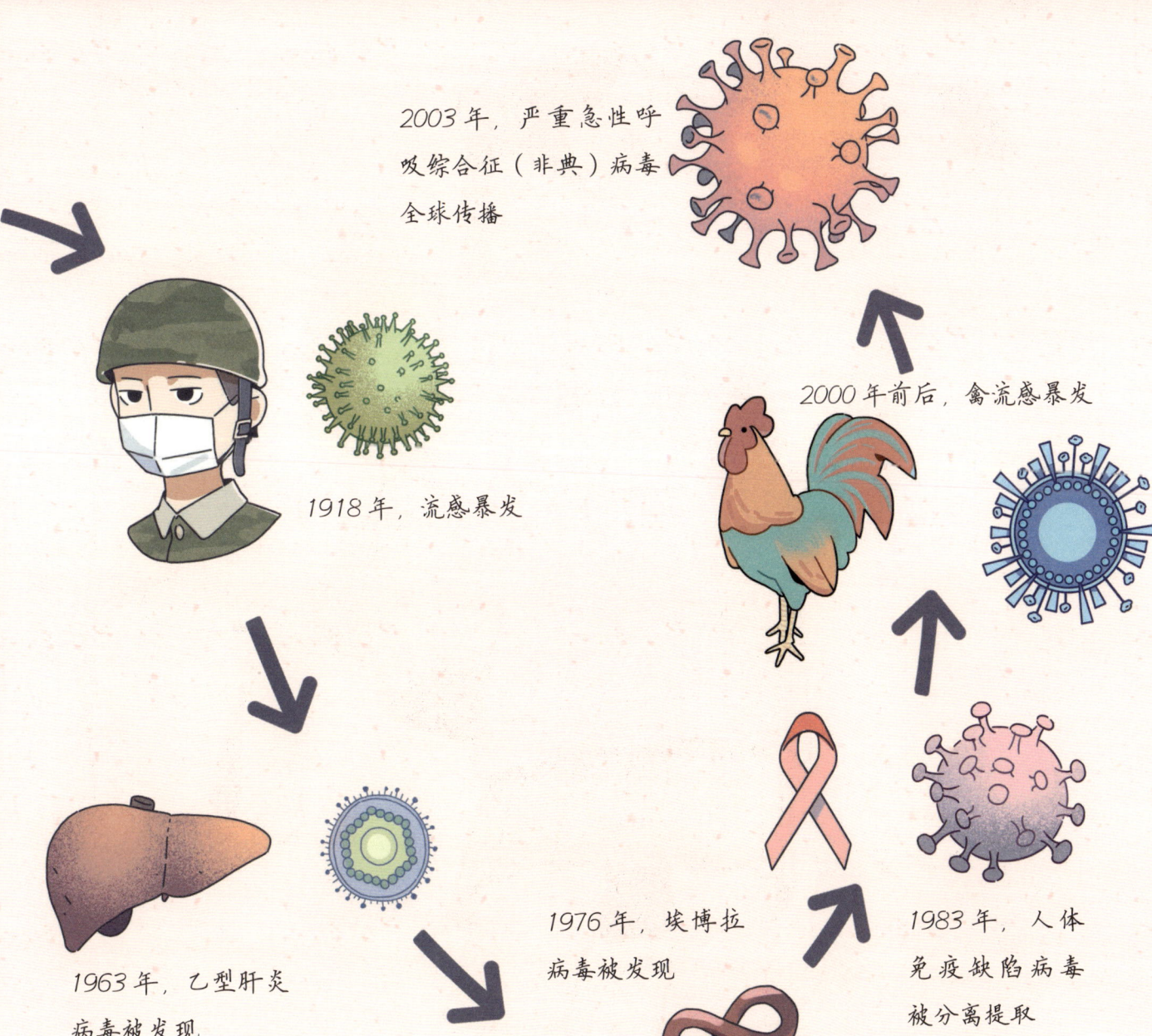

2003年，严重急性呼吸综合征（非典）病毒全球传播

2000年前后，禽流感暴发

1918年，流感暴发

1983年，人体免疫缺陷病毒被分离提取

1976年，埃博拉病毒被发现

1963年，乙型肝炎病毒被发现

"追击病毒……我们会不会被感染啊？"米娅眼睛一亮，但马上又犹豫了。

小Q看出了米娅的担忧，说："别担心！做好个人防护，戴上口罩和实验橡胶手套，再带上酒精喷雾。再说，还有我和神奇手表呢，我们都会帮助你的！"

我们的免疫系统

病毒寄生在人体健康的细胞里,人体不会对病毒无动于衷,因为人体有强大的免疫系统。免疫系统是人体的防御部门,保卫我们的健康。人体免疫系统由免疫器官、免疫细胞和免疫分子三部分组成。

1. 免疫器官的主要任务是制造和培训各种免疫细胞。
2. 免疫细胞是执行免疫系统各项防御功能的基本力量。
3. 免疫分子是由免疫细胞或其他细胞产生的发挥免疫作用的物质,包括人体体液中的各种抗体、淋巴因子等。

人体的免疫器官和组织

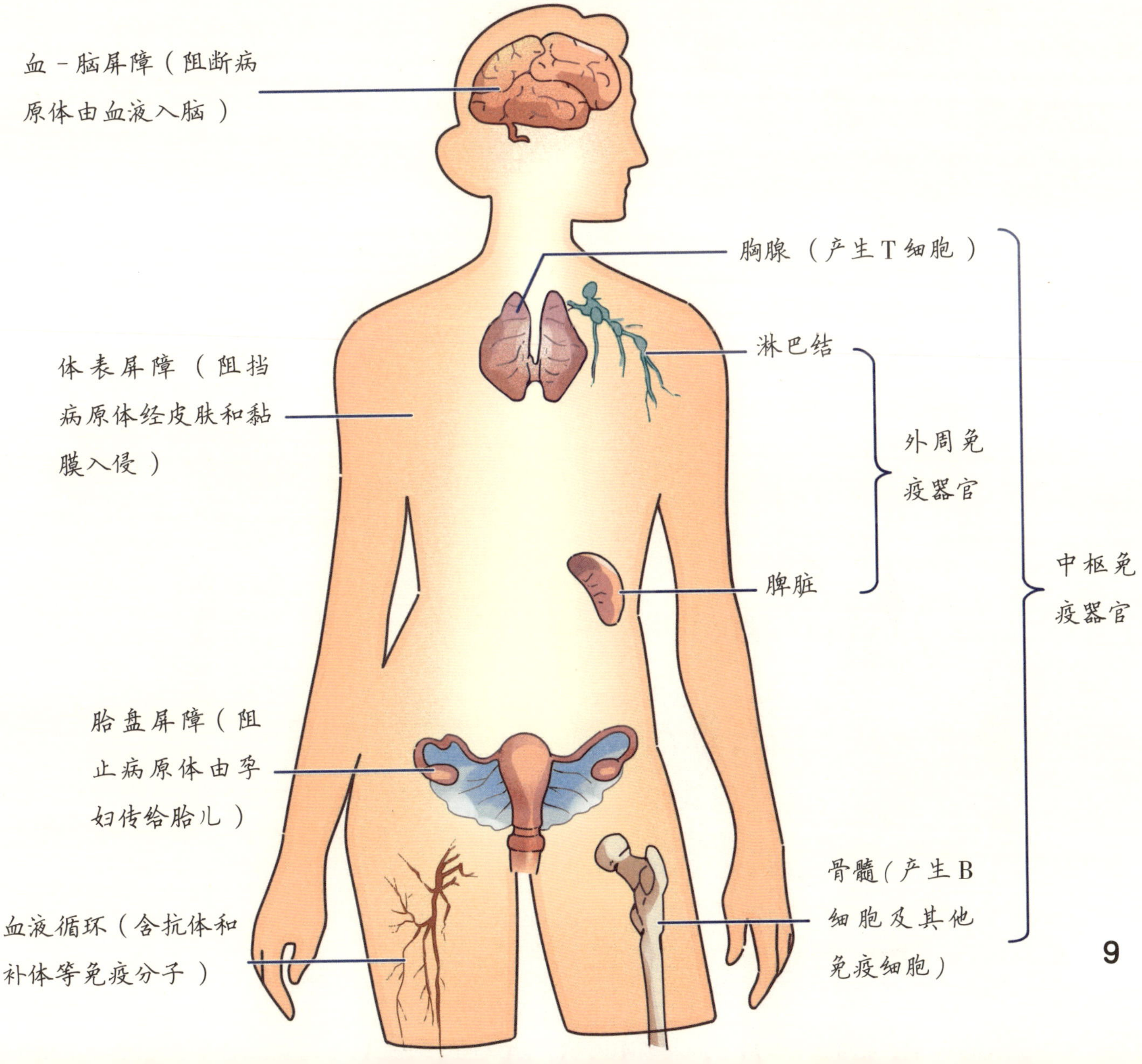

- 血-脑屏障(阻断病原体由血液入脑)
- 体表屏障(阻挡病原体经皮肤和黏膜入侵)
- 胎盘屏障(阻止病原体由孕妇传给胎儿)
- 血液循环(含抗体和补体等免疫分子)
- 胸腺(产生T细胞)
- 淋巴结
- 脾脏
- 骨髓(产生B细胞及其他免疫细胞)

外周免疫器官
中枢免疫器官

免疫细胞军团

免疫细胞是人体最重要的健康卫士,它就像一支"军团",在血液和组织中抵挡细菌、病毒等入侵,及时清除体内"垃圾"(衰老及凋亡细胞)、"叛徒"(肿瘤细胞)和"外敌"(病毒、细菌),维持体内环境稳定。

自然杀伤细胞(NK细胞)

免疫系统的前线部队,能够识别并消灭被病毒感染的细胞。

它们存在于血液里,像是巡警一样随着血液到达身体各处。作为免疫军团中的重要成员,NK细胞常年备战在保卫健康的第一线上,是人体内负责杀伤异常细胞的最主要战士。

巨噬细胞

清扫战场的工程兵,清除细胞残片、细胞排泄物及病毒等,也是号召作战的哨兵,激活其他免疫细胞,让大家尽快加入免疫战斗。

巨噬细胞具有强大的吞噬能力,可以吞食并消化人体各处的细胞入侵者、变异细胞以及衰老和异常的细胞,发挥着提高免疫力的重要作用。

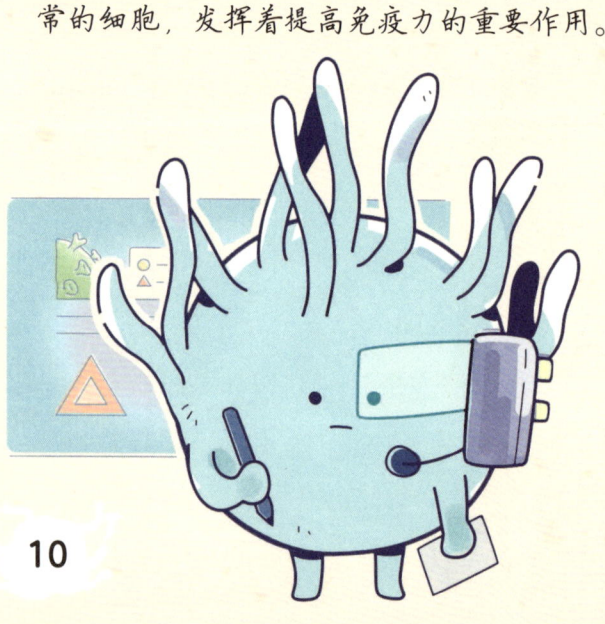

树突状细胞

侦察兵,负责信息收集与传递。

树突状细胞因其表面具有许多树枝状突起而得名,细胞形态像一只张牙舞爪的"树妖"。它是免疫军团里眼观六路、耳听八方的侦察兵,遇到入侵者后通过自身强大的加工处理能力,破译入侵者的特征,将敌人信息和应对战术传递给T细胞和B细胞。

T细胞

主力作战部队,识别并消灭被病毒感染的细胞。

T细胞收到传递来的信息后,查验对比体内细胞的"身份证",一旦发现乔装混入的敌人就毫不犹豫地发动攻击,直接将入侵者和被入侵细胞终结。

B细胞

产生免疫物质——抗体,作为对抗入侵者的作战武器。

与病毒战斗的过程中,B细胞内部会发生化学反应,分泌出针对正在战斗的病毒的抗体。抗体从B细胞脱离后,在血液和人体组织中循环,寻找其所针对的病毒,阻止该病毒感染健康的细胞。

随着手表发出一阵白光,米娅和小Q来到了正在和病毒作战的人体内。刚一站稳,米娅就被眼前的情景吸引了。

远处有病毒正鬼鬼祟祟地试图混进来,它们躲过鼻毛和鼻腔防线后,"呼拉"一下四散开来,各自去寻找心仪的细胞。有几个利用蛋白质外套伪装试图欺瞒细胞,还有一个病毒更狡猾,它敲了敲细胞膜,谎称有"快递"。

入侵者!

病毒的传播

病毒传播的途径主要有两大类：一类是水平传播，即从动物到人，以及人与人之间的传播，如呼吸道传播、消化道传播、虫媒传播、接触传播、血液传播；另一类是垂直传播，如母婴传播。

呼吸道传播

患者呼气、打喷嚏、咳嗽或说话时，含有病毒的飞沫进入环境，其他人由鼻、口吸入呼吸道继而感染，如流感病毒的传播。

消化道传播

病毒通过食物、水等经消化道进行的传播和感染，如中东呼吸综合征的传播。

虫媒传播

携带病毒的蚊子、蝉、白蛉等昆虫通过叮咬、吸血进行传播，如登革病毒的传播。

接触传播

接触患者或被病毒污染的物体后引起病毒感染，如与患者握手，接触了被污染的门把手、电梯按键、毛巾等物品造成的传播。

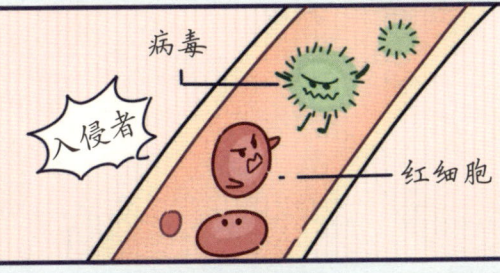

血液传播

病毒通过血液在人与人之间进行传播，如人体免疫缺陷病毒。

母婴传播

指病毒经生育、哺乳由患病或携带病毒的母亲传给孩子的方式，比较典型的有风疹病毒、乙型肝炎病毒等。

病毒们一路躲避着巡逻的免疫细胞卫士——NK细胞。NK细胞是免疫军团里的暴脾气,一旦发现情况不对,立刻攻击。

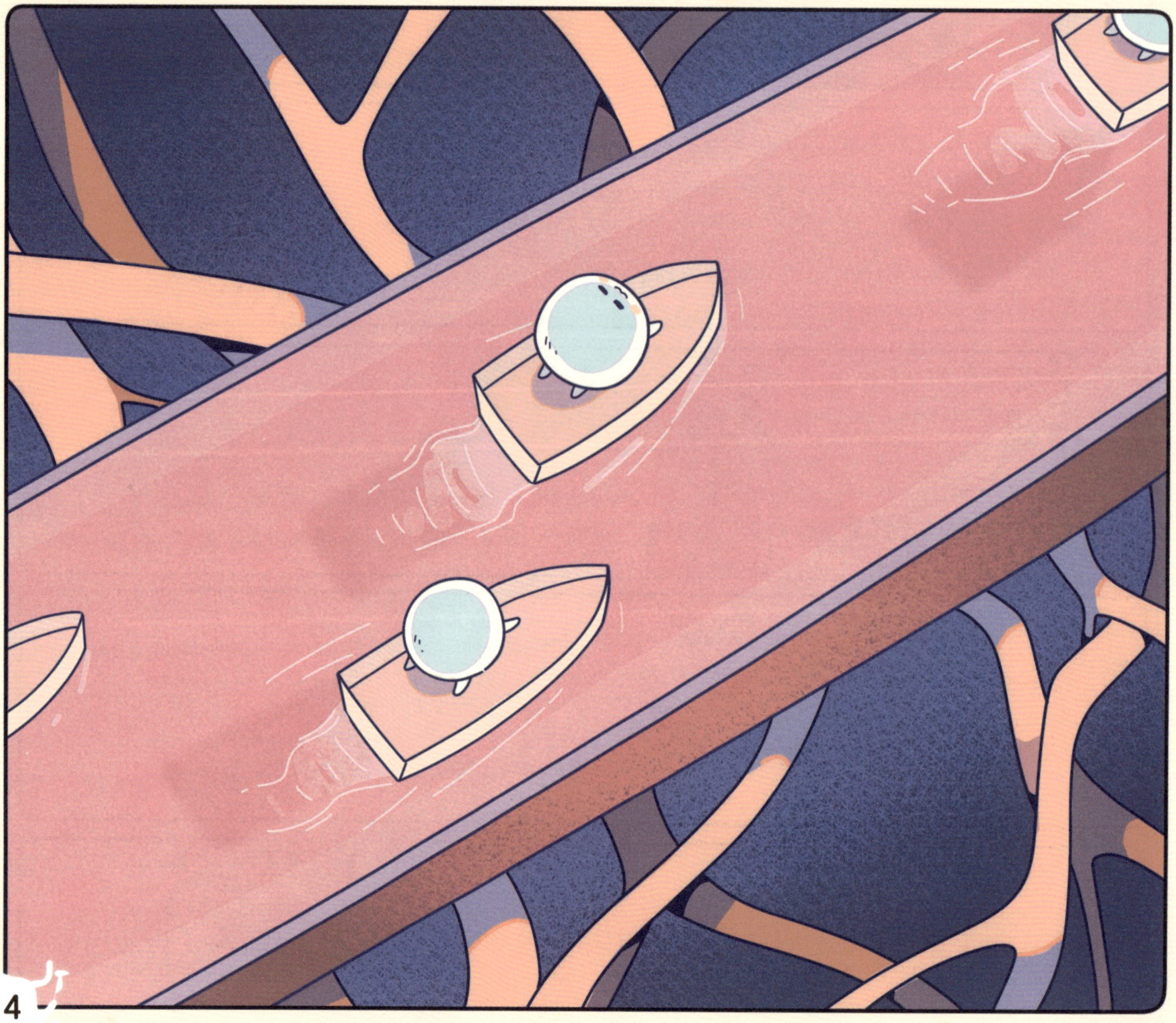

冲在前线的 NK 细胞

先锋战士 NK 细胞通过感受细胞的压力来判断其是否出现异常。被病毒入侵的细胞状态一定不太好,但是反过来却不一定!NK 细胞巡逻时一旦发现有细胞不对劲,即刻动手攻击。它们杀死被病毒感染的细胞,也会伤害到正常细胞。同时,笨拙的 NK 细胞移动缓慢,虽然杀伤力较大,但是杀敌的速度不及病毒繁殖的速度,常常杀敌一千自损八百。

被入侵的细胞并不会坐以待毙,它们有的在病毒的围攻中一边躲闪一边向免疫系统通风报信,大喊"我被感染了!向我开炮!",让身体尽快开启防御模式,投入更多免疫细胞进行战斗;有的用尽剩下的力气在细胞膜外挂起红灯,警示其他细胞发生了敌情,让大家注意躲避。

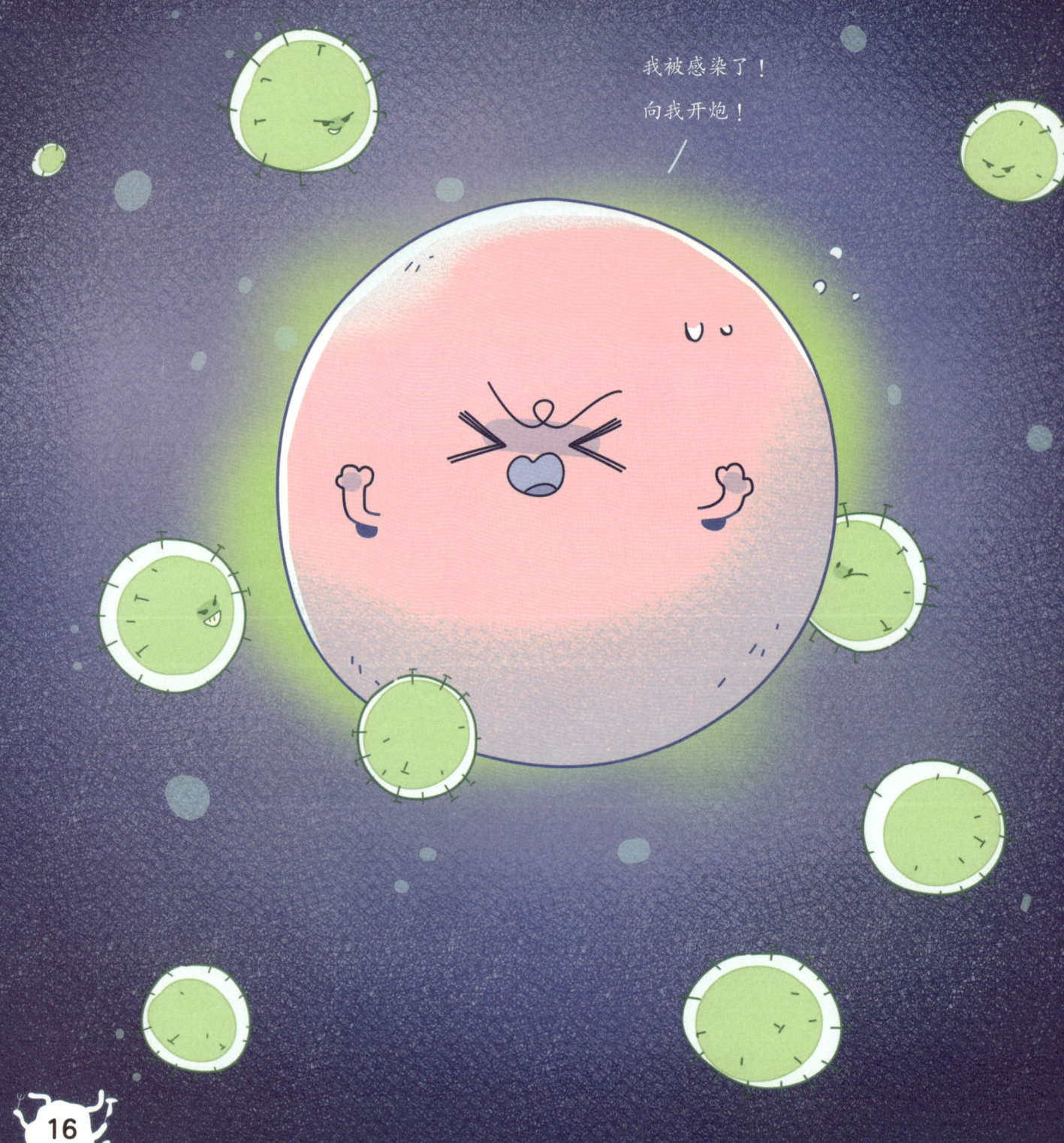

细胞的预警

病毒入侵细胞并肆意掠夺资源、扰乱秩序，细胞当然不可能无动于衷。但遗憾的是，细胞仅凭自身的力量无法消灭病毒，但它可以释放一些警示信号给邻居，让它们启动应急预案，以抑制病毒入侵并安营扎寨。比如刺激免疫细胞释放干扰素来抑制病毒复制，收集入侵者的信息，并向外传递报警信号等。

米娅看到在稍近一点的地方，巨噬细胞正在清扫着 NK 细胞作战后战场上大量的细胞碎片。巨噬细胞吞咽、消化掉一部分，没有被吞掉的碎片则被呼吸道上细胞表面一个个长而摆动的突起——纤毛运走。纤毛通过规律性摆动，不断地将吸附了尘埃、细菌以及病毒等异物的细胞碎片随分泌物运送至鼻咽部。这时，人体开始有了症状，又想擦鼻涕，又想吐痰。

出现症状的原因

病毒通过飞沫传播，会首先混进人的鼻咽喉部位。病毒在这里攻击细胞，大肆掠夺资源，迅速生成许多新的病毒，细胞就会变成病毒"基地"。

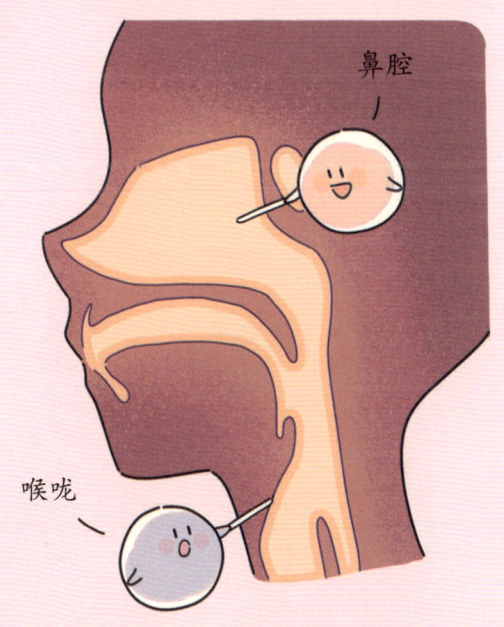

鼻窦的内衬细胞被病毒攻击后破裂，黏液流入鼻腔，产生鼻涕；耳朵和鼻子通过咽鼓管相连通，因此黏液会流入喉咙，病毒借机攻击喉咙的内衬细胞，导致喉咙痛。

为了集中应对病毒，肌肉的能量分配减少，因此我们会感到浑身肌肉酸痛、没有力气；病毒适合在37摄氏度以下复制，人体通过提升温度抑制病毒繁殖的速度，于是会出现发热症状。

"米娅,你看!"之前一直在旁边默默观战的小Q忽然叫起来,把米娅吓了一跳。

顺着小Q指着的方向,米娅看到不远处有一个没见过的病毒准备入侵健康细胞。

米娅来不及多想就嚷嚷起来了,"免疫细胞!快来!这里有病毒要做坏事了!"小Q也"汪汪汪"地帮着米娅。

病毒长什么样

从外形来看，病毒的形态大致可以分成三类：

1. 球形颗粒，多见于动物病毒。

2. 杆状或丝状颗粒，多见于植物病毒。

3. 复杂形状颗粒，如砖状——天花病毒，蝌蚪状——噬菌体，子弹状——狂犬病毒。

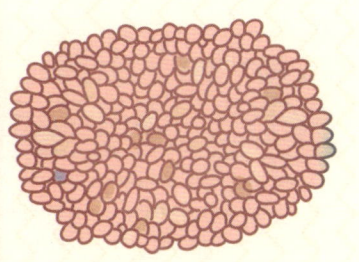
痘病毒

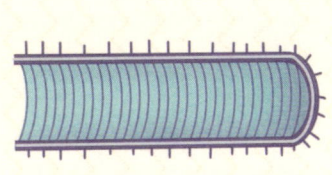
弹状病毒

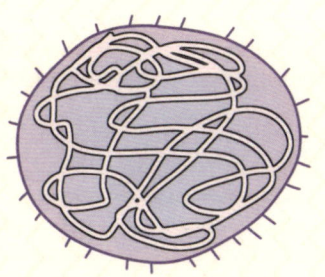
副黏病毒

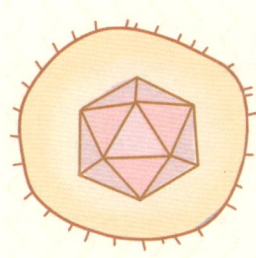
疱疹病毒

正黏病毒

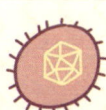
披膜病毒

腺病毒

呼肠病毒

乳多孔病毒

小核糖核酸病毒

小脱氧核糖核酸病毒

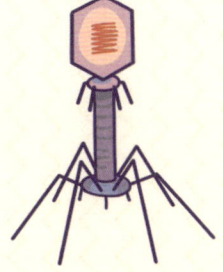
T2噬菌体

烟草花叶病毒

附近的免疫细胞听到米娅的召唤,纷纷聚集了过来。这个病毒还没来得及做坏事,就被免疫细胞生擒了。

由于是第一次感染这种病毒,免疫细胞们都有些措手不及,于是决定对这个病毒俘虏好好盘问一番。米娅和小Q旁听了这次审讯,他们也想更多地了解病毒。

免疫系统总司令

走快点!

树突状细胞将军是参与此次对抗的免疫系统现场总指挥,米娅、小Q和免疫细胞军团的几位将领和将军一起审问这个入侵者。当务之急是搞清楚这个入侵者的身份,由此才能制订进一步作战计划。看着面前这个又圆又胖的家伙,免疫系统总司令没有废话,问道:"你到底是谁?"

你到底是谁!

这个满头突起的病毒脸上堆满了谄媚的笑,说道:"小的……小的是病毒呀!我们和细胞是亲戚,来看看它们……走亲戚,走亲戚!"

"胡说!" NK 细胞将军立刻反驳了它,"你们乔装打扮,偷偷摸摸溜进去,在细胞家里吃喝打砸,洗劫一空!什么亲戚,分明是强盗!"

病毒的入侵

病毒想要占领人体，首要任务就是入侵细胞，把细胞变成自己的宿主。病毒靠着蛋白质外壳，乔装躲过巡视的白细胞，穿过细胞的"围墙"——细胞膜，混进细胞核，劫持细胞的遗传物质换成自己的，并在宿主细胞家大吃大喝，复制自身，产生新的同类和子孙"毒二代"。"毒二代"又会去侵占其他细胞，再复制繁衍自己的后代"毒三代"，周而复始，这就是病毒让身体生病的过程。

狡猾的新冠病毒一直不肯承认自己的身份，但是人体体温在不断升高，并不断收到前线战报，因此免疫系统必须尽快找到合适的战术遏制它们的入侵。新冠病毒在人体内的肆虐吸引了免疫系统的主要火力，如果这时候有害细菌趁机兴风作浪，届时敌人有两方，免疫系统军团可能面临腹背受敌的局面。

关键时刻米娅灵光一闪,"我有办法!我们可以提取一点这个病毒的基因,用神奇手表检验。它会说谎,可是它的基因不会说谎。"

说话间,几位细胞战士走上前围住了新冠病毒,不顾它挣扎,取了一点基因交给米娅。

眼看情况不妙,这个病毒的眼睛"骨碌碌"打转,申辩道:"哎呀,别来无恙,我是冠状病毒家族的小弟呀!我们都是老朋友了,20年前引起非典疫情的病毒就是我大哥!"

冠状病毒家族

冠状病毒是一个大型病毒家族,家族成员已知可以引起感冒、中东呼吸综合征和严重急性呼吸综合征(SARS)等较严重呼吸道疾病乃至全身疾病。

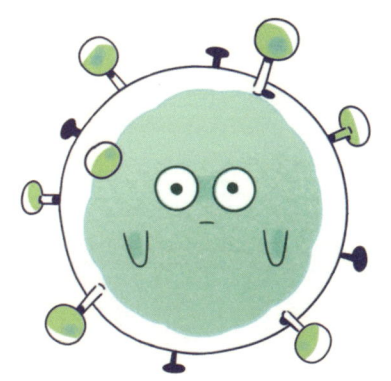  

冠状病毒家庭

SARS 是 severe acute respiratory syndrome 的英文缩写，中文名是"严重急性呼吸综合征"，又称"传染性非典型肺炎"，简称"非典"。SARS 病毒是冠状病毒的一个变种，是引起非典型肺炎的病原体。2002 年冬到 2003 年春肆虐全球的"非典"，元凶就是这种冠状病毒。

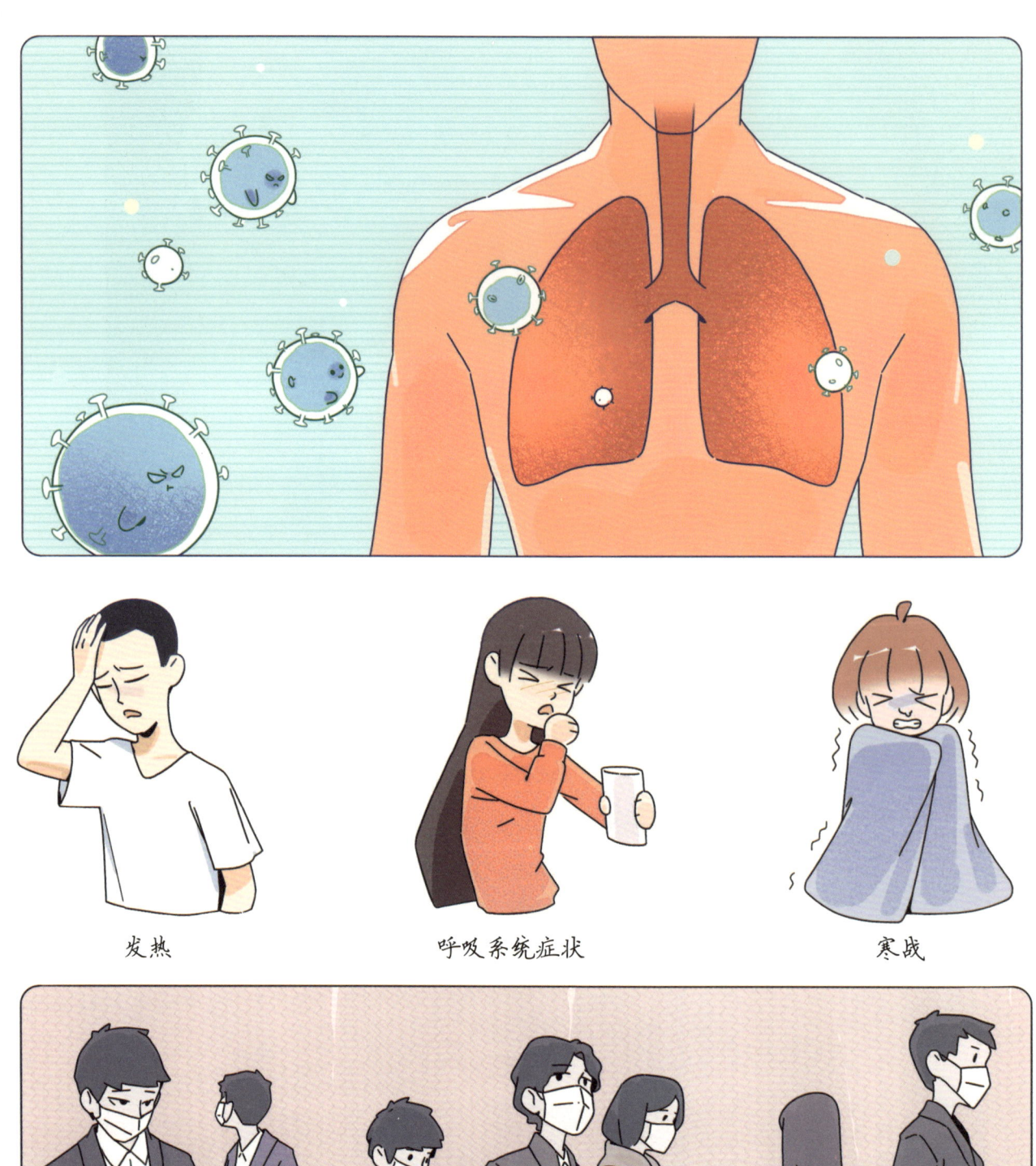

发热　　　　　　呼吸系统症状　　　　　　寒战

冠状病毒与新型冠状病毒

冠状病毒因为表面的凸起像国王头上的王冠,所以被人们取了这样一个形象的名字。新冠病毒是新型冠状病毒的简称,是冠状病毒(coronavirus)家族的新成员,代号 COVID-19,被称为新冠病毒,不仅因为它是感染人类的新病毒,还因为它是一种人类从未见过的冠状病毒,即使在动物身上也未曾见过。

冠状病毒

"你和非典病毒是亲戚？"免疫系统总司令若有所思。

"是啊，如假包换！"新冠病毒赶忙点头。

"那就更不能轻饶你了，"总司令一声冷哼，"20 年前的'非典'给人类造成了巨大的损失！"

"那是我兄弟，不是我……不是我们新冠病毒啊！"新冠病毒察觉到苗头不对，赶紧求饶。

"少狡辩，我可记得非典病毒是 RNA 病毒，如果你们都来自冠状病毒家族，那么你也是善于伪装和逃逸的 RNA 病毒！"总司令紧盯着它，完全没有理会它的辩解。

病毒的变异

病毒的遗传物质可以是DNA（脱氧核糖核酸），也可以是RNA（核糖核酸）。在遗传与繁殖过程中，遗传信息很难做到100%完美复制，不可避免地会出现变异。

DNA是双链双螺旋结构，RNA是单链结构，这相当于作决定时DNA要两个人（两条链）都同意才能通过，而RNA是一个人（一条链）想怎样就可以怎样。在繁衍过程中，DNA遗传稳定性高于RNA，而RNA病毒更容易发生突变。

新冠病毒就是一种RNA病毒，它非常擅长变异，通过源源不断地"变身"，让自己更加适应环境。自从人类发现以来，它在3年时间里已经变异出阿尔法、贝塔等多种变异株。

病毒遗传物质：

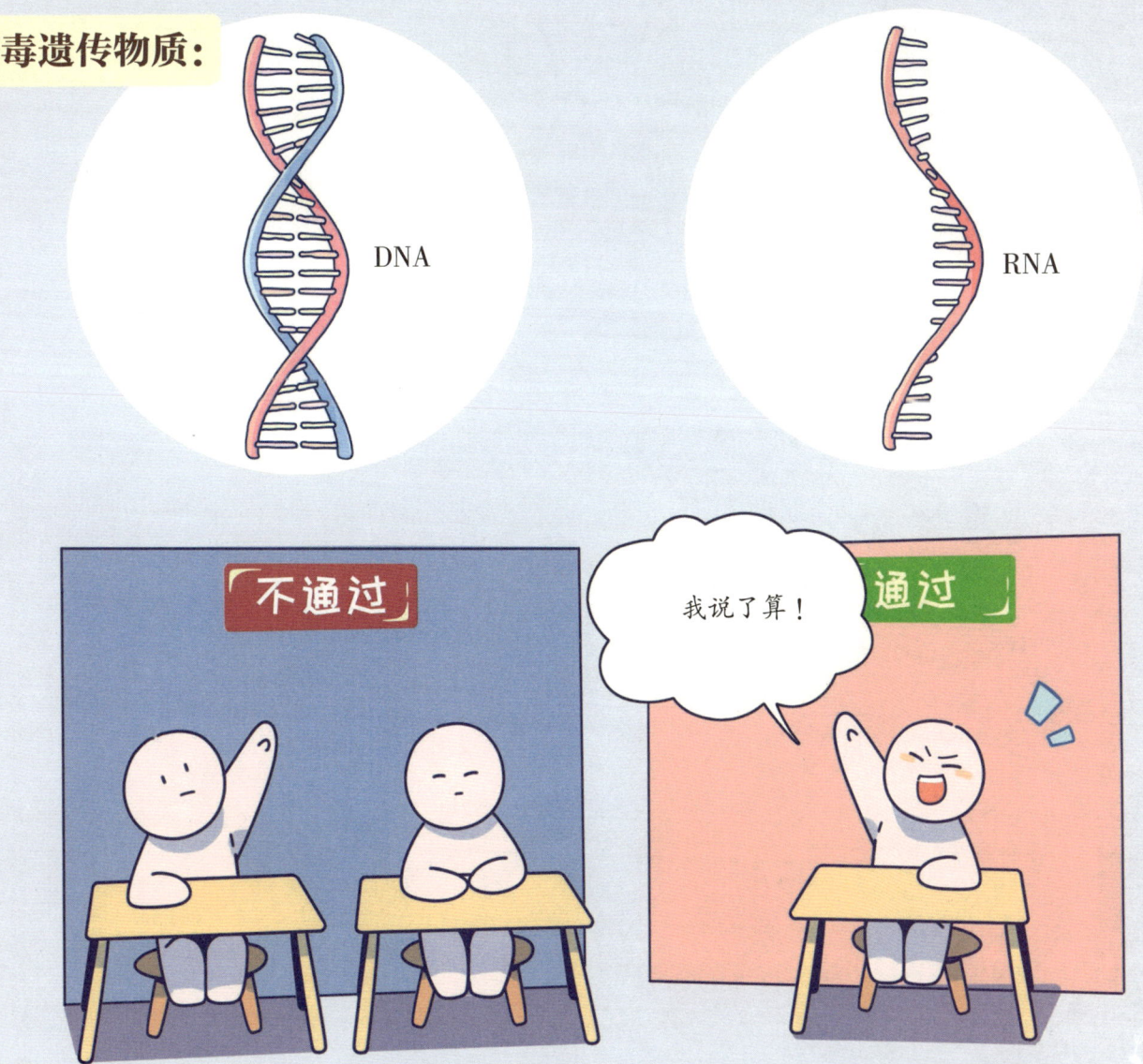

"原来是这样！RNA病毒变异非常快，不同毒株之间往往存在着很大的差异，所以我们的士兵没有及时认出新冠病毒这个'变装大王'。"NK细胞将军恍然大悟。

RNA 病毒

我们都是新冠病毒！

 **病毒的进化**

虽然严格意义上病毒不能算是生物，但是由于它要借宿主细胞繁殖，因此也要面对自然选择下的演化压力，也就是"物竞天择，适者生存"。

大多数病毒的杀伤力并不强，并且在感染宿主的过程中，其致病性还会逐渐减弱。这是因为若杀伤力太强，短时间内导致宿主死亡的话，病毒本身也会因为没有宿主而无法继续生存与繁殖，最终与宿主"同归于尽"。

人体的免疫系统有一个军团来对付病毒，病毒必须想办法躲开免疫系统，尽快地多多复制自己并去入侵更多的宿主。因此，传播速度快的毒株可以淘汰传播慢的。

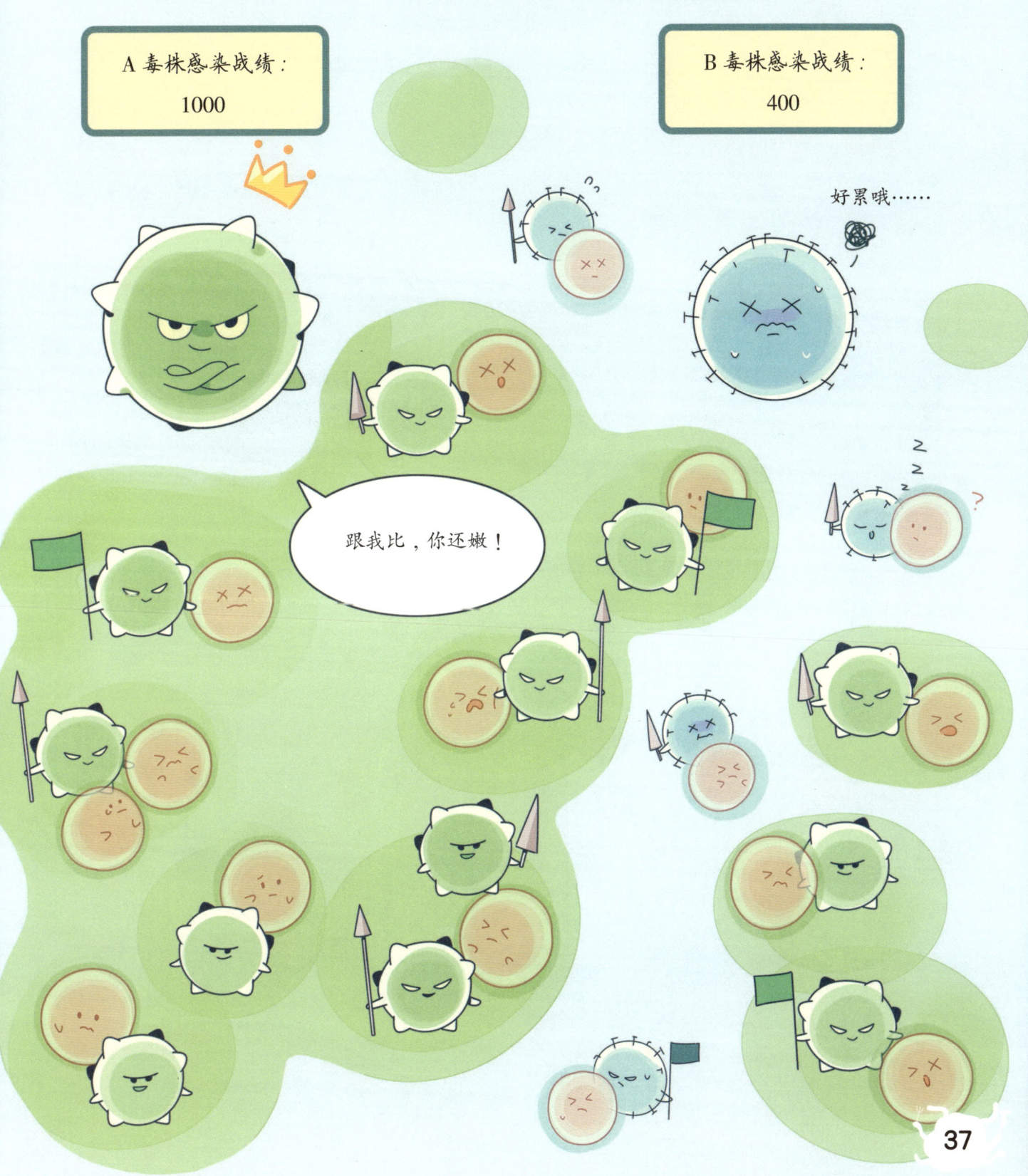

"结果出来了！"米娅把检验结果用神奇手表投射出来给大家看，"它确实是冠状病毒家族比较年轻的一员，绝不是什么细胞的亲戚！"

免疫系统总司令皱紧了眉头："冠状病毒家族成员变异速度极快，会不断乔装打扮以混进细胞，还善于用蛋白质外套制作开启细胞大门的万能钥匙。我们不能再耽搁了。"

总司令转过身来，郑重地对着T细胞将军和B细胞将军说道："两位将军，请出兵吧！"

中文名：新型冠状病毒

外文名：COVID-19

感染后常见症状：发热、干咳、乏力

传播途径：直接传播、气溶胶传播、接触传播

侦察兵树突状细胞带来收集到的病毒信息，T细胞将军和B细胞将军认真看过后，各自带着身后的队伍冲上前线。

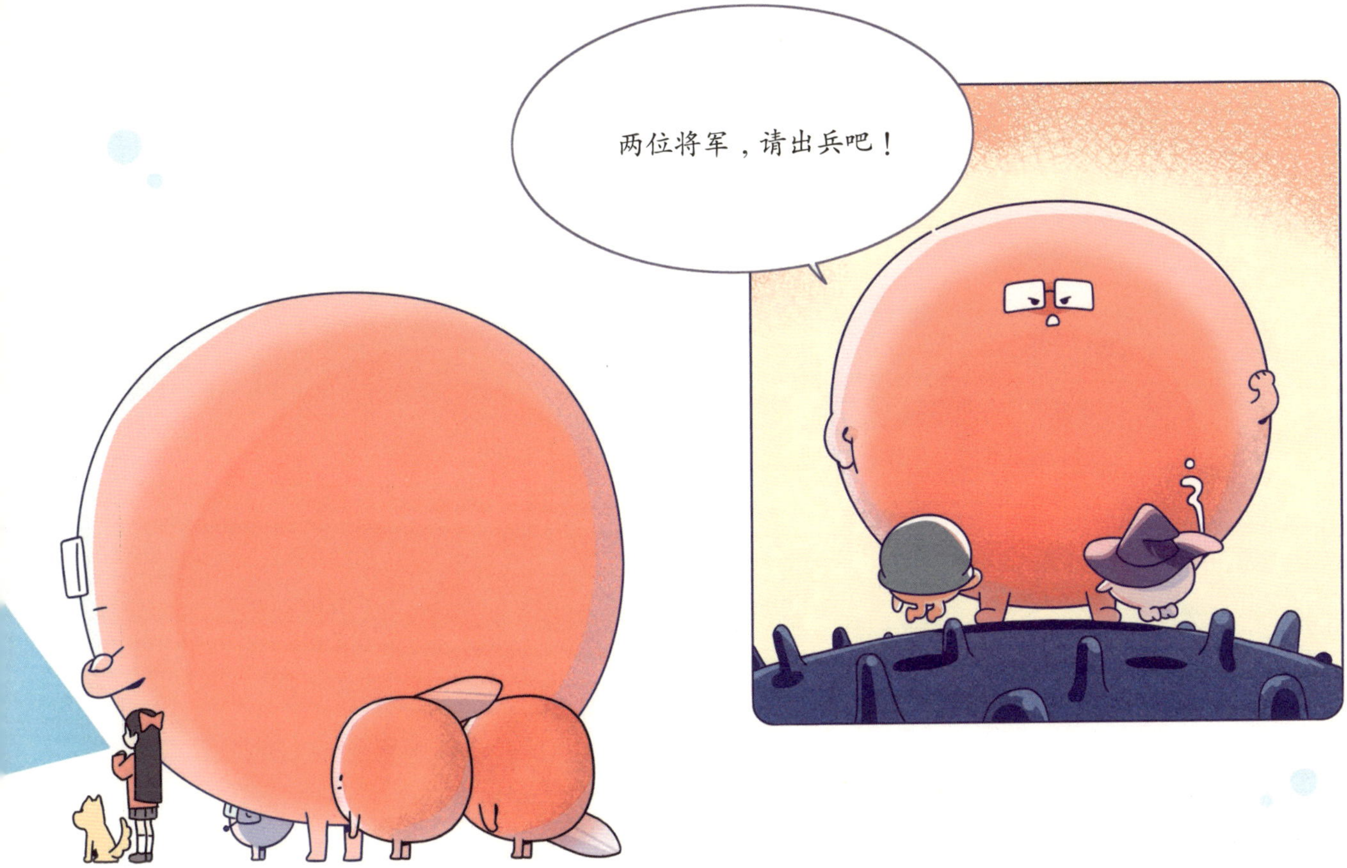

两位将军，请出兵吧！

T细胞数小时内分裂出成千上万个，赶赴被病毒入侵的部位，找到受感染细胞，精准地将病毒取出并杀死。B细胞就地产生上百万个微小的蛋白质抗体，分散出去找到漂浮在外的病毒，锁住病毒使其无法吸收能量和繁殖。藏在细胞内的病毒被T细胞杀死，漂浮在外的病毒被B细胞消灭，入侵病毒无处可藏。

包围入侵者！

随着 T 细胞和 B 细胞投入战斗，刚才一片喧嚣的战场逐渐安静下来，新冠病毒逐渐减少，人体内的细胞、器官、系统慢慢恢复了原本有序的运转，继续往常有条不紊、各司其职的状态。

与新冠病毒的战斗进入尾声,米娅注意到免疫细胞们并没有放松下来。
免疫系统总司令下令将新冠病毒俘虏的照片分发下去,要求免疫卫士们牢牢记住它们。

记忆细胞会记得

身体成功清除病毒后，参与战斗的大部分 T 细胞和 B 细胞都会凋亡，但仍有少数细胞将作为记忆 T 细胞和记忆 B 细胞存在。记忆细胞可以提升人体免疫力——如果同种病毒再次入侵人体，会第一时间被识别出来，然后立刻被歼灭。

我们还有抗体

人体感染病毒后免疫系统会形成抗体。抗体"认识"先前入侵过的病毒，再次遇到时，抗体会锁定在病毒蛋白质外壳的表面，使它无法进入宿主细胞。如果一个病毒跟先前感染过的那些病毒外表不同，混进细胞的希望就会大一些。这也是为什么病毒经常通过突变来"变脸"，以便在抗体面前"蒙混过关"。

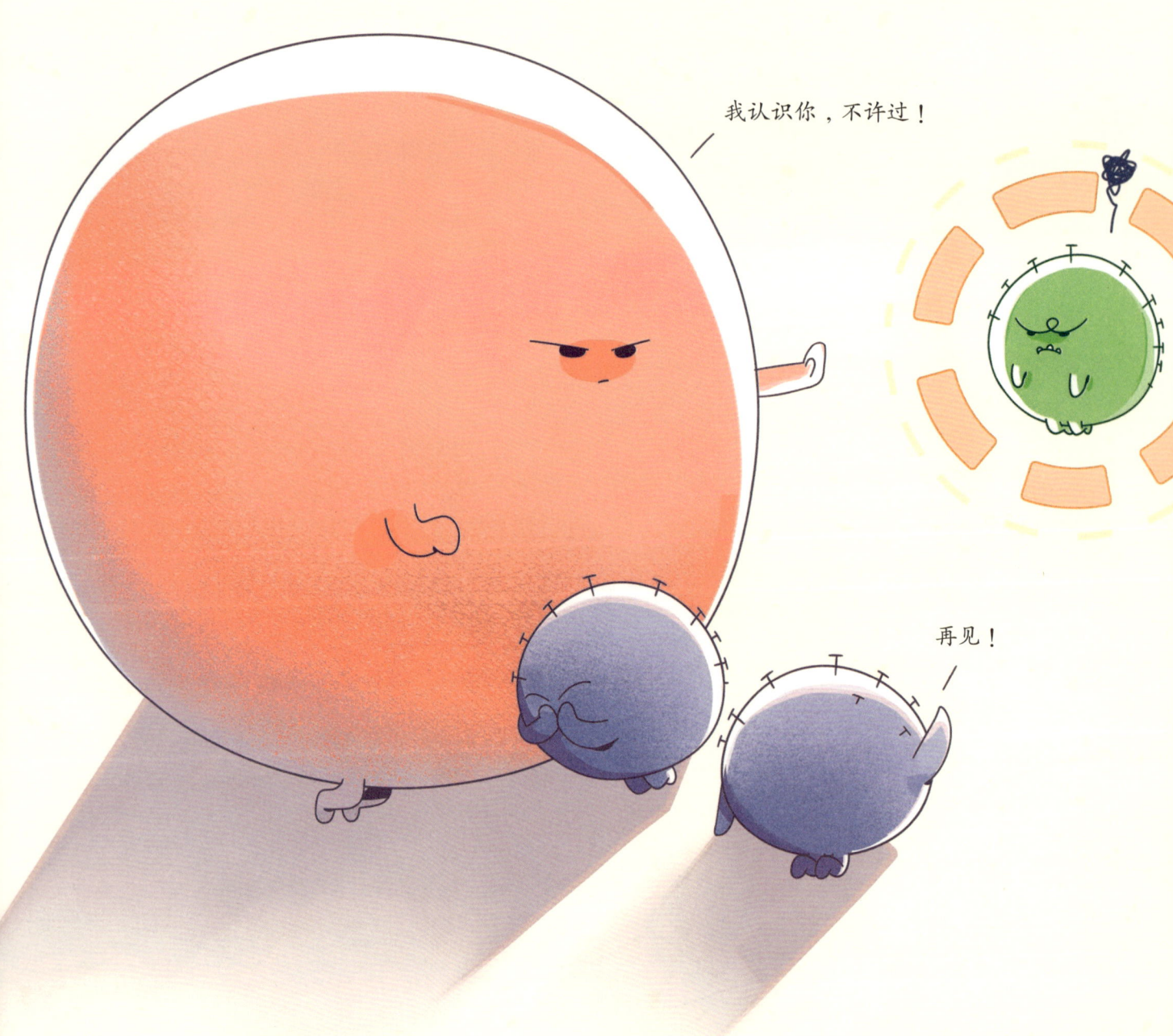

B 细胞们有条不紊地释放着抗体，标志着这场战斗的胜利，也为下一次的战斗埋下胜利的伏笔。

米娅和小Q没有打扰正在认真工作的免疫细胞们,带着对免疫系统的敬意,他们悄悄地打开神奇手表,回到了现实生活里。

免疫系统立大功

当病毒入侵人体时,被感染的细胞会做出一系列反应来"报警",召集各类免疫细胞消灭病毒。面对病毒感染,我们自身的免疫力才是最好的药,只有免疫细胞才能吞噬和杀死体内的病毒。所以,爱惜自己的身体很重要!我们要保持健康饮食、加强体育锻炼、改善不良作息,提高自身免疫力。

经过这场探险，米娅对病毒的了解更深了一步。她急忙传信息给桑桑，与她分享了自己在这次探险中获得的有关病毒的知识，安慰她不要害怕生病，要相信自己的免疫系统，一定会守护好她的身体的！

同时米娅不忘提醒桑桑,作为身体的小主人,也要做好保障——好好吃饭、多喝水、多休息,为免疫系统提供充足的能量。

1. 吃饱饭,多喝水。
2. 适当运动,促进新陈代谢。

小Q认真地对米娅说："现在我终于明白了为什么要戴口罩、为什么要保持安全距离，这些都是和新冠病毒的传播相关联的呀！"

"是啊，病毒与人类的战斗由来已久，它们是我们的老对手了。各种新病毒的出现是对我们的挑战，但是在科学家的研究和医护工作者的辛勤工作下，现在我们不仅有了针对各种病毒的疫苗，也研发出了相应的特效药。我们积累了很多和病毒打交道的经验，未来就不用害怕啦！"

米娅充满了信心。

 **与病毒的长线作战计划**

和病毒的正面作战依靠免疫系统,但是免疫系统的正常运转离不开我们的"助攻"。我们要提高自我防范意识,平时生活中不仅要注意身体健康,还要培养良好的生活习惯。

1. 保持良好卫生习惯。做好个人防护,戴口罩、勤洗手、多通风、少聚集。

2. 保持健康生活方式。注重科学、营养、均衡的膳食,增加优质蛋白质和新鲜蔬菜水果摄取,每天饮用足量的水,少喝或不喝含糖饮料,按时作息,早睡早起,保证充足的睡眠,安排合理、适度、适量的体育锻炼,增强体质和免疫力。

通过及时治疗与充分休息，桑桑很快就痊愈了。

随着人类医学的不断进步，越来越多的病毒从我们的生活中消失。但与此同时，新的病毒也在不断产生。时间的河流不断向前，我们就是这样不断与这些微小的敌人战斗，共同演奏地球生命的乐章。

图书在版编目（CIP）数据

了不起的免疫系统/倪闽景主编.—上海：上海科技教育出版社，2023.12
（"院士带你去探索"科普绘本）
ISBN 978-7-5428-8080-2

I. ①了… II. ①倪… III. ①免疫学—儿童读物 IV. ①R392-49

中国国家版本馆CIP数据核字（2023）第244776号

丛书主编　倪闽景
执行主编　宋　娴

院士带你去探索（第三辑）

了不起的免疫系统
LIAOBUQI DE MIANYI XITONG

科学顾问　张文宏　钟　鸣
作　　者　荣　艳
绘　　图　美丽科学

责任编辑　程　着
装帧设计　李梦雪
本册绘图　王鸿涛　张嘉君　张报晖

出版发行　上海科技教育出版社有限公司
　　　　　（上海市闵行区号景路159弄A座8楼　邮政编码201101）
网　　址　www.ewen.co　www.sste.com
经　　销　各地新华书店
印　　刷　上海华顿书刊印刷有限公司
开　　本　889×1194　1/16
印　　张　3.5
版　　次　2023年12月第1版
印　　次　2023年12月第1次印刷
书　　号　ISBN 978-7-5428-8080-2/G·4820
定　　价　38.00元